CONSULTATION

POUR LES

Compagnies d'assurances contre l'incendie

SUR LES

SINISTRES DE GUERRE ET D'INVASION

PARIS

TYPOGRAPHIE ET LITHOGRAPHIE DE RENOU ET MAULDE

144, RUE DE RIVOLI, 144

1871

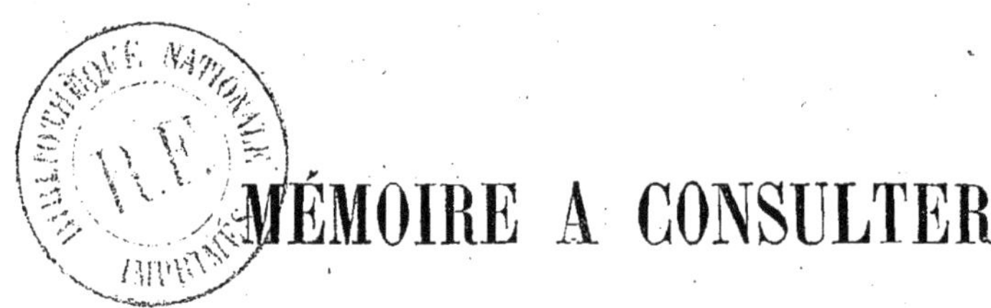

MÉMOIRE A CONSULTER

On lit dans la *Gazette des Tribunaux* du 9 juillet 1871 :

« L'armistice du 28 janvier n'était pas applicable au département du Doubs. L'ennemi poursuivait l'armée du général Bourbaki et investissait la place de Besançon, dont il se préparait à faire le siége. Il entra, le 2 ou le 3 février, dans la ville d'Ornans, et ferma ainsi, à une distance de 20 kilomètres de la place, la seule route qui lui permettait encore de communiquer avec les contrées épargnées par la guerre.

« En vertu du droit du plus fort, l'ennemi se répandit dans les maisons particulières. Huit ou dix soldats prussiens et un capitaine se trouvaient dans la maison du sieur Chaillet; dix-huit chevaux prussiens occupaient l'écurie, ainsi qu'une vache appartenant au propriétaire, lorsque le feu éclata, le 6 février, vers six heures et demie du soir, dans l'écurie, paraît-il. Six chevaux périrent dans les flammes. Les maisons Chaillet et Oudot furent consumées. Elles étaient assurées à la Compagnie du *Phénix*. Chaillet et Oudot assignent la Compagnie. — Jugement qui commet des experts pour estimer le dommage et les autorise à rechercher la cause et l'origine de l'incendie.

« Appel par Chaillet et Oudot.

« La Cour de Besançon a rendu l'arrêt suivant :

« La Cour :

« Considérant que la responsabilité à la charge de l'assureur, d'après le « contrat d'assurance, embrasse tous les cas non formellement exceptés; que « les exceptions doivent toujours s'interpréter restrictivement; que les appe- « lants ont donc droit à garantie lorsqu'elle ne leur est pas refusée par une « clause claire et précise; que, s'ils doivent, comme demandeurs, prouver le « sinistre, la Compagnie, devenue demanderesse, est chargée de la preuve « dans son exception ; que la rédaction de la police est son œuvre personnelle; « qu'elle est tenue, comme le vendeur, suivant l'article 1602 du Code civil, « d'expliquer clairement la portée de ses obligations, sous peine de voir inter- « préter contre elle toute clause obscure ou ambiguë ;

« Considérant, du reste, que, dans l'intention des parties, l'exception men- « tionnée à l'article 2 de la Police pour les incendies occasionnés par la guerre « *n'a pu s'entendre* que du risque ayant pour cause directe un fait matériel de « guerre, un conflit quelconque entre belligérants, et non pas des événements « qui, même accomplis pendant l'état de guerre, ne sont pas le résultat d'opé- « rations militaires;

« Que comprendre dans cette exception tout sinistre se rattachant même « indirectement à la guerre, serait lui donner une portée contraire aux prévi- « sions de la clause et à la volonté des parties ;

« Que les articles 6, 7 et 8 de la police, invoqués par la Compagnie et « inapplicables à la cause, ont pour objet de prescrire certaines formalités à « l'assuré en cas de changement volontaire permanent et de nature à aggraver « les risques;

« Qu'on ne saurait les étendre à des modifications involontaires et acciden- « telles, notamment à l'augmentation temporaire et forcée du nombre des « habitants, étrangers ou non, se trouvant dans l'immeuble assuré;

« Qu'il est vrai qu'au moment de l'incendie du 6 février dernier, l'armistice « ne comprenait pas le département du Doubs et laissait subsister l'état de « guerre dans ce pays ; mais que les troupes françaises avaient complétement « évacué la ville d'Ornans et les environs ;

« Que l'ennemi avait occupé cette ville sans combat ;

« Qu'il n'y avait eu de part ni d'autre aucun trait d'hostilité;

« Que l'incendie dont s'agit n'a pu avoir pour cause un fait de guerre ; que « l'ennemi s'était installé dans la maison Chaillet ; qu'un capitaine y avait pris

« logement avec huit ou dix soldats ; qu'en outre dix-huit chevaux leur appar-
« tenant occupaient l'écurie, et que, cinq de leurs chevaux étant restés dans
« les flammes, on ne peut supposer que ces soldats aient été la cause volon-
« taire du sinistre dont ils ont été victimes ;

« Que, pour établir cette responsabilité, la Compagnie du *Phénix* se fondait
« uniquement, devant les premiers juges, sur les clauses prérappelées de sa
« police, sans articuler aucun fait d'imprudence et de négligence dont la
« preuve, par voie d'enquête, pût être ordonnée ; que, la prétention de la Com-
« pagnie n'étant pas fondée, il ne restait plus qu'à faire constater par experts
« l'importance du préjudice ; que c'est donc à tort que les premiers juges les
« ont en outre chargés de rechercher la cause ou l'origine du sinistre ;

« Que, d'ailleurs, une telle mission, avec les pouvoirs donnés aux experts,
« n'était pas une simple expertise confiée à des hommes de l'art, mais, malgré
« les précautions indiquées par la sentence, une enquête déguisée devant être
« faite par eux, en dehors de leurs opérations techniques, sans aucune articu-
« lation préalable de faits et sans garanties légales ;

« Qu'il suit de là qu'à tous égards il y a lieu de faire droit à l'appel prin-
« cipal, et de rejeter les conclusions principales et subsidiaires de l'appel
« incident ;

« Qu'il devient sans utilité de donner acte à la Compagnie du *Phénix* des
« faits énoncés dans ses conclusions ;

« Considérant, sur les dépens, que l'intimée succombe ; mais qu'une mesure
« préparatoire étant ordonnée, il y a lieu de réserver une partie des frais ;

« Par ces motifs, la Cour réforme en ce qui va suivre, sur l'appel principal,
« les deux jugements rendus par le Tribunal civil de Besançon le 12 mai 1871 ;
« dit qu'il n'y a lieu d'appliquer au litige l'article 2 de la police d'assurance ;
« dit que les experts nommés par le Tribunal se borneront à procéder aux opéra-
« tions qui leur sont confiées, sans se livrer à aucune recherche sur la cause et
« l'origine de l'incendie du 6 février dernier, leur mission étant maintenue pour
« le surplus ; dit qu'ils prêteront serment s'ils n'en sont dispensés ;

« Déboute la Compagnie du *Phénix* des conclusions principales et subsi
« diaires de son appel incident ; dit qu'il n'y a lieu de lui donner acte des faits
« inscrits dans ses conclusions ;

« Condamne la Compagnie du *Phénix* aux dépens d'appel et à la moitié des

« frais d'instance dont il sera fait masse, l'autre moitié demeurant réservée « pour être statué à la fin du litige;

« Ordonne la restitution de l'amende. »

Les Compagnies d'assurances contre l'incendie ci-après :

Les **Assurances générales**,

Le **Phénix**,

La **Nationale**,

L'**Union**,

La **France**,

L'**Urbaine**,

La **Providence**,

dont les intérêts se trouvent gravement lésés ou tout au moins menacés par la solution contenue dans cet arrêt et par les principes sur lesquels cette solution s'appuie, désirent savoir s'il contient une saine interprétation des contrats qui les lient avec leurs assurés, s'il doit faire désormais la règle de leur conduite, ou si elles ne doivent pas, au contraire, combattre, aussi souvent qu'ils seront invoqués contre chacune d'elles, les principes consacrés par cet arrêt.

Tel est l'objet du présent Mémoire à consulter, auquel se trouvent annexés par les Compagnies le texte de leurs polices d'assurance, leur tarif et quelques autres documents propres à éclairer leurs Conseils.

CONSULTATION

Le soussigné, avocat à la Cour d'appel de Paris, membre du Conseil de l'Ordre,

Vu le Mémoire à consulter qui précède, le texte des diverses polices d'assurance et les autres documents communiqués par les Compagnies,

Est d'avis des résolutions suivantes :

§ Ier

Position des Questions.

La question qui nous est soumise comprend les deux éléments de toute discussion juridique : le *fait* et le *droit*.

Le fait, c'est le cas d'incendie, tel qu'il est décrit et caractérisé dans le Mémoire à consulter. — Le droit, c'est le contrat d'assurance réglant les devoirs et les droits réciproques de l'assureur et de l'assuré en présence d'un fait ainsi défini.

Or, si le fait reste invariable, dans notre hypothèse, le texte des polices d'assurance varie. On peut, à ce point de vue, ranger ces polices en deux classes. Dans les unes, notamment dans celle du *Phénix*, l'article 2 est ainsi conçu :

« La Compagnie ne répond pas des incendies occasionnés par guerre, « par émeute, par un tremblement de terre ou par un ouragan. »

Il est ainsi conçu dans les autres :

« La Compagnie ne répond pas des incendies occasionnés par guerre, « invasion, émeute, force militaire quelconque, volcans et tremblements « de terre. »

On comprend, à la simple lecture, la différence qui existe entre ces deux textes et la portée de cette différence pour la question qui nous occupe. Il est clair que le premier texte est moins favorable aux Compagnies. C'est au point de vue de ce premier texte que nous discuterons d'abord la situation respective des parties. Nous y trouverons ce double avantage : 1° que nous nous placerons, en droit aussi bien qu'en fait, dans l'espèce jugée par l'arrêt que nous avons à apprécier ; et 2° que, si nous parvenons à établir que cette rédaction suffit à dégager la responsabilité de la Compagnie qui l'invoque, nous pourrons conclure *à fortiori* en faveur des autres Compagnies, évidemment protégées par une rédaction meilleure encore et plus explicite dans le même sens.

**

Voici donc quelle sera la marche de notre travail :

Nous répondrons aux considérations générales placées en tête de l'arrêt de Besançon par d'autres considérations puisées dans les règles du droit et dans les principes mêmes qui ont présidé à la rédaction des polices d'assurance ;

Nous verrons ensuite quelle application doit être faite de ces polices d'assurance au cas spécial qui nous est posé, en nous plaçant, pour cette discussion, en présence de la police signalée comme étant la moins favorable aux prétentions des Compagnies ;

Nous discuterons l'arrêt de Besançon dans ses diverses parties ;

Enfin nous dirons un mot, à titre purement subsidiaire, de la situation particulière des Compagnies qui excipent de polices appartenant à la deuxième catégorie.

§ II.

Principes de l'Assurance en matière d'Incendie.

L'article 1156 du Code civil, au titre de l'Interprétation des conventions, est ainsi conçu : « On doit, dans les conventions, rechercher quelle a été la commune intention des parties contractantes, plutôt que de s'arrêter au sens littéral des termes. »

Nous croyons pouvoir ajouter que, quand le sens littéral des termes se trouve en conformité complète avec cette commune intention, il n'y a plus la moindre difficulté pour le juge.

Quelle a donc été la commune intention des parties dans le contrat d'assurance dont on excipe de part et d'autre? C'est ce qu'il importe avant tout de rechercher.

Nous admettrons volontiers, avec le premier considérant de l'arrêt de Besançon, que chacun des assurés, pris isolément, a une très-faible part dans cette rédaction, et même que, dans l'apparence au moins, la part de la Compagnie est grandement prépondérante. Mais n'est-il pas juste aussi de reconnaître que, dans ce contrat d'assurance aujourd'hui si général et si usuel, le texte des polices, arrêté depuis longtemps et à peu près invariable, est, à proprement parler, une œuvre collective; que chacun, assuré et assureur, y a, par la force même des choses, contribué dans la juste mesure de ses intérêts; que, s'il est vrai que toutes les polices ont été écrites par les Compagnies, elles ont été, pour une bonne partie, dictées par les assurés eux-mêmes, par leurs besoins, leurs désirs, leurs préférences, alors surtout que la grande concurrence qui existe entre les Compagnies permet à l'assuré de choisir celle qui fait le mieux son affaire et répond le mieux à ce qu'il attend de son assureur? Si toutes les Compagnies ont, à peu de chose près, adopté des polices identiques, cela ne tient-il pas à ce que les intérêts divergents mis en présence dans le contrat d'assurance se sont depuis longtemps conciliés et coordonnés dans une formule qui résume l'idée dominante des deux parties?

Or, quelle est cette idée dominante?

Est-ce l'assurance à la grande aventure, que nous appellerions d'un mot, l'assurance à l'américaine, l'assurance de tout hasard et de tout risque, hardiment affrontée, largement payée, mettant, sans distinction aucune, tous les dangers d'incendie au compte de l'assureur, et lui attribuant par contre de larges primes calculées sur les risques de toutes sortes et qui pourront bien, un jour ou l'autre, à quelque chiffre qu'elles s'élèvent, se trouver insuffisantes en face de certaines éventualités?

Ou bien n'est-ce pas une assurance plus sage, plus réservée, mais aussi plus sûre et moins coûteuse, plus française dans le bon sens du mot, mieux en rapport avec nos saines idées d'autrefois, embrassant moins de périls pour être mieux à même d'y parer quand ils se produisent, étudiant avec soin la matière si délicate des risques, acceptant ceux qui se produisent habituellement, donnant à ceux-là une garantie complète qui suffit à la tranquillité du père de famille placé dans les conditions ordinaires, rejetant avec soin les autres risques, trop périlleux pour l'assureur, ou comme pouvant faire augmenter le taux de la prime sans compensation réelle pour l'immense majorité de ses assurés ; régularisant le risque, et, par là, réduisant le taux de la prime, de telle sorte que chaque restriction dans l'un de ces éléments correspond immédiatement à une réduction équivalente dans l'autre, et que les assurés profitent au moins autant que les assureurs eux-mêmes de ce régime de modération et de sage réserve adopté par les Compagnies ?

C'est ainsi que le taux des assurances est progressivement descendu au chiffre le plus minime. C'est surtout le père de famille qu'on assure. Or, le père de famille qui, chaque année, voit revenir périodiquement l'échéance de sa prime, peut bien consentir à s'imposer ce sacrifice en vue des périls qui le touchent et qui lui semblent prochains. Il ne consentirait jamais à faire entrer les autres en ligne de compte. Il ne s'en préoccupe pas pour lui-même ; il trouverait trop dur de les payer pour autrui. Aussi s'abstient-on de les lui faire payer, et pour cela l'assureur commence par s'en affranchir ; car, ce qu'il importe de bien comprendre, c'est que tous les risques mis au compte de l'assureur, c'est l'assuré lui-même qui les supporte par une augmentation correspondante de la prime qu'il paye. C'est là ce qui fait du contrat d'assurance contre l'incendie, de préférence aux autres contrats de même nature, le plus sûr, le plus sage et le mieux équilibré de ces contrats aléatoires, peut-être aussi le plus moral ; et c'est ce caractère de sagesse, qui fait sa force et sa solidité, qu'il importe de lui maintenir par-dessus tout.

Aussi nous voyons dans toutes les polices d'assurances, et notamment dans celle du *Phénix*, que l'assuré doit (article 6) déclarer, sous peine de déchéance, si les objets assurés lui appartiennent en totalité ou en partie ; qu'il doit (article 7) déclarer, sous la même pénalité, au cours de la police, s'il tombe en état de suspension de paiement ou de faillite ; qu'avant de faire subir le moindre changement aux objets assurés, il est tenu (article 8) d'en faire la déclaration, et qu'à chacune de ces notifications d'un fait qui change les conditions du risque, la Compagnie se réserve le droit de résilier le contrat d'assurance.

Cela tient à ce que l'assureur, ayant établi son calcul sur le minimum des risques ordinaires, entend, comme c'est son droit incontestable, que ce minimum de risque soit maintenu.

Du reste, ces principes ressortiront avec plus d'évidence de l'application particulière qui en sera faite dans un instant au cas qui nous occupe et aux clauses des polices d'assurance qui concernent ces faits. Ce que nous tenons à constater quant à présent, c'est qu'on raisonne mal quand on reproche, en thèse générale, aux Compagnies d'assurer le moins qu'elles peuvent, en percevant les primes les plus fortes qu'elles peuvent; que c'est là une fausse appréciation et une injustice; que les Compagnies assurent, au contraire, les risques qu'on leur paye; qu'elles ont le droit et le devoir de réserver certains risques accidentels, en modérant par cela même le taux de la prime ordinaire, et qu'il faut, dès lors, bien prendre garde de ne pas accorder aux assurés, au delà de la garantie promise et par eux payée, une garantie qu'on ne leur a pas promise et qu'ils n'ont pas payée.

§ III.

Application de ces principes aux risques de guerre.

Appliquons ces principes aux risques d'incendie qui proviennent de la guerre. Seront-ils facilement et de droit commun compris dans les risques que l'assureur se propose de garantir ? évidemment, non ! Le cas de guerre est un cas spécial, anormal, offrant à la matière des assurances des conditions tout à fait différentes des conditions ordinaires, échappant à toutes les appréciations qui règlent d'ordinaire l'évaluation de la prime. Pour l'assuré, c'est un fléau d'un ordre particulier, rare, par bonheur, et qui échappe à ses prévisions par cela même qu'il les dépasse. L'homme se sent désarmé et impuissant en présence d'une telle calamité, dont il lui est impossible de mesurer les conséquences et d'arbitrer les périls. Il se soucie peu de payer plus ou moins cher une garantie à l'efficacité de laquelle il ne croit pas. Et d'ailleurs, ces risques ne sont-ils pas l'objet de dispositions légales particulières, soit de la part des communes, en cas de guerre intérieure, soit de la part de l'État, en cas de guerre extérieure? Il y a là pour l'assuré des raisons de toute sorte pouvant distraire ces risques du contrat d'assurance qu'il s'impose. Pour l'assureur, c'est bien autre chose; toute l'économie de son système d'assurance répugne à ce genre d'opérations. Ce serait le renversement absolu des règles de prudence et de modération qu'il s'est imposées aussi bien dans l'intérêt de ses assurés que dans son intérêt à lui-même. Au lieu de risques permanents, divisés, soumis à une sorte de régularité périodique, offrant d'une année sur l'autre des variations peu sensibles qu'un fond de réserve suffit à couvrir et à équilibrer, il se trouverait en présence de risques énormes, succédant à de longues années de sécurité, s'étendant sur toute une contrée, renversant tous les calculs, dépassant toutes les prévisions, épuisant tous les fonds de réserve, mettant en péril, à un moment donné, la prospérité la mieux établie. De plus, l'état de guerre enlève aux Compagnies d'assurances toutes les garanties particulières qui leur sont précieuses et sur lesquelles elles ont compté pour la fixation de leur tarif. C'est ainsi qu'elles ne soumettent pas à une même taxation les villes et les campagnes, ou même telle ville ou telle autre ville, à raison du secours particulier qu'on trouve dans l'une et que l'autre ne présente pas, et parce que la surveillance est plus facile sur un lieu que sur un autre. Comment donc, en présence de la guerre et de la désorganisation sociale qui en résulte, la situation prévue par les Compagnies pourrait-elle leur être maintenue? Elles ont le droit d'exercer sur leurs assurés une surveillance réelle, *avant*, *pendant* et *après* le sinistre. Comment cette surveillance s'exercera-t-elle? Ne vaut-il pas mieux, à tous égards, aussi bien dans l'intérêt de l'assuré que de l'assureur, rejeter le risque de la guerre, en faire, au besoin, l'objet d'un pacte spécial et distinct, comme le fait, par exemple, la Compagnie du *Soleil*, dans les polices de laquelle nous lisons un article ainsi conçu :

« La Compagnie répond, conformément à ses statuts, au moyen d'un « fonds de prévoyance spécial, des incendies causés par faits de guerre, « émeutes et explosions de poudrières; mais l'assurance de ces risques

« exceptionnels est soumise à des règles particulières, et elle ne peut « être souscrite que par une police revêtue des signatures du directeur « général et d'un administrateur de la Compagnie. »

Quant aux sept Compagnies d'assurances dont nous avons les polices sous les yeux, elles ont évidemment, d'accord en cela avec leurs assurés, entendu exclure de leurs contrats les risques de guerre. Dans quels termes l'ont-elles fait ? Je ne prends quant à présent que la police du *Phénix*, laquelle est ainsi conçue :

« Art. 2. La Compagnie ne répond pas des incendies occasionnés « par guerre, par émeute, par un tremblement de terre et par un « ouragan. »

Que faut-il entendre par ces paroles: « Les incendies occasionnés par guerre ? » Évidemment tous ceux dont la guerre a été soit la cause directe ou efficiente, soit même l'occasion certaine et *sine quâ non* ; tous ceux, enfin, qui proviennent de la guerre, qui en constituent un des épisodes ordinaires, et qui, pour tout dire en un mot, ne se seraient pas produits si la guerre n'avait pas eu lieu.

Aux termes de la police que nous apprécions, l'état de guerre ne suspend pas l'assurance, il la laisse subsister comme elle existait avant la guerre, garantissant les risques ordinaires d'incendie ; mais le supplément des risques apportés par la guerre, ces risques si fréquents, si irrésistibles, si redoutables, qui exigent à eux seuls une garantie spéciale que peu de Compagnies affrontent et que très-peu d'assurés réclament, notre police les laisse entièrement en dehors.

Dès lors, la situation respective des parties se trouve, en cas de guerre, très-nettement définie. Si un incendie survient au cours de la guerre et sous le coup de l'occupation qui en est la suite, il s'agira de savoir sérieusement et de bonne foi si cet incendie peut être attribué aux risques ordinaires de la propriété assurée, ou s'il doit être considéré comme ayant été occasionné par la guerre. A la charge de qui sera cette double preuve? Nous n'hésitons pas à penser que, quand l'assureur aura établi les faits de guerre ou d'occupation, quand il aura constaté que c'est pendant la dépossession violente du propriétaire au profit de l'envahisseur que l'incendie a éclaté, il aura, quant à lui, fait la preuve complète. En dehors des circonstances de fait, variables à l'infini et propres à chaque espèce, la question se réduit pour nous, en thèse générale, au point de savoir qui, du propriétaire ou de l'envahisseur, occupait en maître la maison incendiée. Si c'était le propriétaire, c'est lui qui est présumé responsable, sauf la preuve contraire, et l'assurance couvre cette responsabilité. Si c'était l'envahisseur, c'est sur lui que tombe la présomption de responsabilité, et l'assurance alors est déchargée, car elle ne répond pas de l'envahisseur.

Appliquons ces principes à notre espèce :

MM. Chaillet et Oudot sont propriétaires à Ornans. Leurs maisons sont contiguës ; tous deux sont assurés par le *Phénix* aux conditions ordinaires de l'assurance.

Survient la guerre. La petite ville d'Ornans est envahie par les Prussiens. M. Chaillet en a huit ou dix pour sa part, et dix-huit chevaux prussiens occupent son écurie. C'est dans ces conditions que le feu éclate dans cette écurie et dévore la maison Chaillet, avec la maison Oudot par surcroît. C'est ainsi que, dans une seule contrée et dans un court espace de temps, les incendies se sont multipliés plus que dans le cours d'une année entière et sur toute l'étendue du territoire. Le fait patent, incontestable, incontesté, c'est que ce sont les Prussiens qui ont occasionné l'incendie. Est-ce là, nous ne dirons pas un fait de guerre, mais, dans les termes mêmes du contrat, un incendie occasionné par la guerre ? Qui en pourrait douter ?

Le contrat, remarquons-le bien, ne distrait pas seulement de l'assurance les incendies qui proviennent d'un fait de guerre. Ces termes, s'ils étaient employés, pourraient prêter à l'équivoque. On peut entendre par fait de guerre un acte d'hostilité directe intentionnelle, et l'incendie que l'ennemi allume autour de lui par imprudence ou incurie peut bien ne pas être considéré comme tel. Mais la police ne dit pas « un incendie causé par un fait de guerre », elle dit « *un incendie occasionné par guerre* », ce qui n'est pas du tout la même chose. Les deux versions étaient possibles ; chacune d'elles exprimait une pensée différente. La seconde était celle qui répondait bien évidemment au système général adopté par les Compagnies, et, *à priori*, d'après les explications que nous avons données, leur choix, au moment de la rédaction du contrat, ne pouvait être douteux.

Eh bien ! puisque nous sommes en présence de ce dernier texte, où peut être la difficulté? Est-il constant que les Prussiens ont été amenés dans cette maison, eux et leurs bêtes, par la guerre, rien que par la guerre; que c'est la guerre qui leur a permis d'envahir ce domicile et cette écurie, de s'y comporter en maîtres, de substituer leur autorité tyrannique et irresponsable à l'autorité vigilante de M. Chaillet? Cette occupation violente, est-ce le résultat de la guerre? La guerre n'est-elle pas, dès lors, l'occasion directe et prochaine de cet incendie? Enfin n'est-il pas rigoureusement exact de dire que, sans la guerre, cet incendie n'aurait pas eu lieu?

C'est justement cet état violent, anormal, menaçant, négation brutale de toutes les garanties ordinaires, ce souffle de dévastation qui sévit sur les pays livrés à l'invasion et sous lequel les incendies s'allument par milliers ; ce sont, en un mot, les risques incalculables résultant de la guerre que les Compagnies ont entendu décliner dès les premiers mots de la police. Et ce sont pourtant ces mêmes risques qui ont donné naissance aux incendies qu'on prétend mettre à leur charge maintenant !

Il nous reste à examiner par quelle déduction logique ou spécieuse les magistrats de la Cour de Besançon ont consacré cette prétention, que nous croyons aussi contraire au texte de la police qu'à la commune intention des parties.

§ IV.

Discussion de l'arrêt de Besançon.

L'arrêt de la Cour de Besançon débute par un exposé de principes contre lequel nous n'avons absolument rien à dire. Nous admettons sans difficulté « que le contrat d'assurance embrasse tous les risques « non formellement exceptés ; » — « que les exceptions doivent toujours « s'interpréter restrictivement ; » — « que la Compagnie est chargée de « la preuve de son exception. » — Quand l'arrêt ajoute « que la rédaction « des polices est l'œuvre personnelle des Compagnies, et qu'elles sont « tenues, comme le vendeur, suivant l'article 1602 du Code civil, d'ex- « pliquer clairement la portée de leurs obligations, sous peine de voir « interpréter contre elles toute clause obscure ou ambiguë, » nous pourrions bien faire quelques réserves et protester contre la légitimité de l'analogie ; mais nous aimons mieux passer outre et ne pas discuter sur un point qui nous semble indifférent au débat actuel.

L'arrêt continue par ce considérant, qui contient tout le système dont le surplus de la sentence ne sera que le développement :

« Considérant, du reste, que, dans l'intention des parties, l'exception « mentionnée à l'article 2 de la police pour les incendies occasionnés « par la guerre, n'a pu s'entendre que des risques ayant pour cause « directe un fait matériel de guerre, un conflit quelconque entre belli- « gérants, et non pas des événements qui, même accomplis pendant « l'état de guerre, ne sont pas le résultat d'opérations militaires. »

Ce considérant fait apparaître une distinction que rien ne nous annonçait dans la police.

Il est clair, à la simple lecture de ce considérant, que l'arrêt ne tient plus compte du texte ; il en fait bon marché ; il le transforme et le sacrifie à l'intention par lui présumée des parties. Il dit que « l'exception « mentionnée à l'article 2 de la police n'a pu s'entendre que des risques « ayant pour cause directe un fait matériel de guerre. »

Or, le texte de la police ne dit pas cela. Il dit tout uniment : « Les « risques occasionnés par guerre, émeute....., » et c'est fort différent.

Il y a, assurément, dans les « risques occasionnés par la guerre, » deux ordres de faits bien distincts, mais rentrant l'un et l'autre sous cette dénomination commune adoptée par la police : 1° les faits de guerre, les actes d'hostilité directe volontaire ; 2° les faits résultant de la guerre, n'existant que par elle et à cause d'elle, *occasionnés par elle*, et qui, sans elle, ne se seraient pas produits.

Pourquoi l'arrêt distingue-t-il là où la police n'a pas distingué ? Où est l'ambiguïté et l'équivoque qui l'autorisent, non pas à interpréter, mais à altérer le texte ? Est-ce que la clause, telle qu'elle est formulée, telle qu'elle s'interprète naturellement et d'elle-même, n'a pas un sens clair et parfaitement conforme à l'esprit général de la convention ? Or, toute la théorie de l'arrêt est dans cette distinction. Jusqu'ici l'arrêt ne fait que l'affirmer. Voyons comment la suite de l'arrêt la justifie.

L'arrêt ajoute : « Que comprendre dans cette exception tout sinistre « se rattachant même indirectement à la guerre, serait lui donner une « portée contraire aux prévisions de la clause et à la volonté des « parties. »

C'est encore la question par la question.

L'arrêt dit ensuite : « Que les articles 6, 7 et 8 de la police, invo- « qués par la Compagnie et inapplicables à la cause, ont pour objet de « prescrire certaines formalités à l'assuré en cas de changement volon- « taire permanent et de nature à aggraver les risques ; — qu'on ne « saurait les étendre à des modifications involontaires et accidentelles, « notamment à l'augmentation temporaire et forcée du nombre des « habitants, étrangers ou non, se trouvant dans l'immeuble assuré. »

C'est vrai, ces dispositions sont inapplicables à l'espèce ; mais les Compagnies n'en ont pas besoin, puisqu'elles ont l'article 2. Seulement les articles 6, 7 et 8 montrent avec quel soin méticuleux les Compagnies, maîtresses de leurs droits apparemment et bien libres de ne s'engager qu'autant qu'elles le veulent, discutent la moindre circonstance de nature à aggraver la responsabilité, et, au risque de rebuter leur assuré, stipulent autant de cas de résiliation et de décharge de garantie qu'il y a de changements dans le risque. Et l'on veut qu'*en cas de guerre*, quand il y a dans l'article 2 une clause formelle qui dit que tous les incendies *occasionnés par la guerre* sont exceptés des effets de l'assurance, cette clause *ne puisse être entendue* que pour la moindre catégorie de ces incendies !

S'il n'y avait, par l'état de guerre, d'autre aggravation de risque d'incendie que celle résultant des actes d'hostilité directe et volontaire, nous comprendrions ce que dit l'arrêt, que « l'exception mentionnée dans « l'article 2 n'a pu s'entendre que de ceux-là. » Mais quand on voit, comme dans l'espèce, la ville occupée, les autorités françaises paralysées, les garanties de l'ordre social suspendues, les maisons envahies, la vigilance du maître impuissante et son pouvoir anéanti, et que l'incendie s'allume sur dix points à la fois, au sein de tous ces desordres, par le fait avéré des envahisseurs ; qu'il est évident, palpable et incontesté que ces incendies sont le résultat de la guerre, comment échapper à l'application si nette, si rationnelle, si explicite de la police qui a prévu et dû prévoir tout ce désordre pour échapper à des conséquences bien autrement redoutables que celles prévues par les articles 6, 7 et 8 ?

Est-ce sérieusement que l'arrêt assimile ces envahisseurs aux hôtes plus ou moins nombreux que les hasards ordinaires de la vie peuvent amener chez l'assuré et que son hospitalité lui fait accueillir sans pour cela déroger aux droits résultant de son assurance ? L'arrêt semble oublier que l'état de guerre est le fait dominant, topique et déterminant ; que c'est la guerre qui a amené les Prussiens à Ornans, chez M. Chaillet, non pas comme hôtes, mais comme maîtres et envahisseurs ; qu'il y a dans le fait de la guerre un fait spécial, considérable, de nature à justifier pour l'assurance une clause spéciale, et que cette clause existe, et que, loyalement souscrite, elle doit être loyalement maintenue.

Le reste de l'arrêt tend à établir que, si l'état de guerre était constant au moment où l'incendie a éclaté, rien ne prouve du moins que cet incendie soit dû à un fait de guerre volontaire ; que tout paraît établir au contraire que, si les Prussiens ont mis le feu à la maison de M. Chaillet ou plutôt à son écurie, ils l'ont fait sans intention, et qu'ils auraient bien pû en être victimes. — C'est le développement de la théorie de l'arrêt qui ne prétend laisser au compte de l'exception que les incendies résultant d'un acte direct d'hostilité.

Quant à nous, résumant ce que nous avons dit sous le précédent paragraphe, nous déclarons :

Qu'il n'y a pas de distinction à faire là où la convention des parties n'a pas distingué;

Que la clause est claire autant que logique et légitime ;

Qu'elle s'applique sans distinction aucune à tous les incendies occasionnés par la guerre;

Et qu'il est impossible de ne pas reconnaître ce caractère à un incendie que nos ennemis ont allumé sur notre territoire et qui, sans la guerre, ne se serait certainement pas produit.

§ V.

Situation particulière de plusieurs Compagnies.

Il nous reste à examiner le complément du droit résultant, pour la majeure partie des Compagnies consultantes, de la rédaction encore plus explicite et plus formelle de leurs polices.

Nous avons jusqu'ici raisonné avec la seule police de la Compagnie du *Phénix*. La police des autres Compagnies est, dans la partie qui nous occupe, rédigée comme suit :

« *Art. 2. — La Compagnie ne répond pas des incendies occasionnés par guerre*, INVASION, *émeute*, FORCE MILITAIRE QUELCONQUE, *volcans ou tremblements de terre.* »

Il est manifeste que cette rédaction permet à ces Compagnies d'invoquer tous les arguments de fait et de droit que nous avons fait valoir au cours de ce travail; mais elle leur en fournit en outre qui leur sont propres et qui les protégent efficacement, dans toutes les éventualités possibles, contre la rigoureuse application de l'arrêt que nous venons de réfuter.

En effet, dans ces polices, à côté du fait de guerre et distinctement de ce fait, on place le fait de l'*invasion*. On semble avoir prévu la théorie hasardée du rédacteur de l'arrêt, et on en a, par avance, rendu l'application impossible. Le mot guerre a semblé trop laconique. La guerre amène des faits de guerre, des actes d'hostilité directe, mais elle entraîne aussi un état particulier non moins menaçant pour les Compagnies d'assurances et qui se caractérise par un mot : l'*invasion*. C'est cet état particulier, créant des risques spéciaux d'incendie, que les Compagnies ont voulu, nommément, et en tant que de besoin, mettre en dehors de leur responsabilité. L'invasion, distincte du fait de guerre, est un état, une manière d'être propre à la guerre et qui livre momentanément notre territoire au pouvoir de l'envahisseur. Les fréquents incendies *occasionnés* par ce périlleux ordre de choses sont, en termes formels, exceptés par ces polices de la garantie promise par les Compagnies. Où peut être le doute après cela ?

Par qui l'incendie a-t-il été occasionné dans l'espèce qui nous occupe ? Si ce n'est pas par un fait direct de guerre, c'est incontestablement par les envahisseurs, c'est-à-dire par l'*invasion* ; par l'invasion qui a changé du tout au tout le régime habituel de la propriété, qui a multiplié les risques, anéanti les garanties ordinaires, et qui, pour ce motif même, a été, par la prévoyance des assureurs, expressément mise en dehors des cas de garantie.

Voyons d'ailleurs la suite de cette clause :

« *La Compagnie ne répond pas des incendies occasionnés par guerre,*
« *invasion, émeute,* FORCE MILITAIRE QUELCONQUE.... »

L'incendie, dans l'espèce, a-t-il été occasionné par une force militaire ? — L'affirmative ne fait aucun doute. La question, dès lors, est définitivement jugée. C'est au moment où cette clause ainsi formulée a été soumise à la libre signature de l'assuré, que celui-ci aurait pu dire, avec les considérants de l'arrêt de Besançon : « *Qu'importent ces modifications involontaires et accidentelles, cette augmentation temporaire et forcée du nombre des habitants, étrangers ou non, se trouvant dans l'immeuble assuré ?* » Nous osons affirmer que, si une pareille objection s'était produite à un pareil moment, elle n'aurait point paru bien sérieuse ; que la Compagnie n'aurait eu aucune peine à y répondre ou à faire admettre que la différence étai grande entre les hôtes de la guerre et de l'invasion et les hôtes des temps ordinaires. Dans tous les cas, bonne ou mauvaise, l'objection n'a pas été faite en temps utile ; la clause existe ; elle est claire, elle est topique et doit être appliquée.

Nous croyons, sans aucune espèce d'hésitation, que la police de la Compagnie du *Phénix*, telle qu'elle est conçue, exonérait cette Compagnie de toute responsabilité pour l'espèce jugée par l'arrêt de la Cour de Besançon ; qu'elle doit l'exonérer, dans l'avenir, de toute responsabilité invoquée dans les mêmes conditions et pour un pareil risque. Mais nous ne faisons aucune difficulté d'affirmer que, même en présence de cet arrêt, et en le tenant pour bon, les autres Compagnies devront exciper avec succès des termes de leurs polices, qui sont conçues de manière à ne plus laisser la moindre place au doute et à une double interprétation.

§ VI.

Conclusion.

Au résumé, nous estimons :

1° Que l'arrêt de la Cour de Besançon contient une doctrine contraire à la saine interprétation du contrat d'assurance dont excipe la Compagnie du *Phénix*, et que cette doctrine ne doit pas être suivie ;

2° Que le droit des autres Compagnies résiste *à fortiori*, et par des arguments qui lui sont propres, à l'application de cette doctrine ;

3° Que, si la cause des assurés est généralement favorable, le droit et la justice le sont à un titre bien supérieur, et que rien n'est plus opportun, plus fécond et plus salutaire que le respect inviolable des contrats loyalement consentis.

A. CHAMPETIER DE RIBES,

avocat à la Cour d'appel de Paris,
membre du Conseil de l'Ordre.

ADHÉSIONS

J'adhère, après mûr examen, à la consultation qui précède.

Je ne trouve pas, entre les deux formules de police indiquées dans l'exposé des faits, des différences aussi sensibles que celles qui semblent avoir frappé l'honorable auteur de la consultation. Mais, en me plaçant même en présence de la première formule, celle de la Compagnie du *Phénix*, j'estime que la Compagnie est couverte par l'exception qu'elle y a insérée : « La Compagnie ne répond pas des incendies *occasionnés par la guerre*... »

Si les faits rapportés en tête de la consultation sont exacts ; si, au jour indiqué, la ville d'Ornans était au *pouvoir* des soldats allemands ; si la maison et l'écurie du sieur Chaillet étaient *occupées* par eux et par leurs chevaux ; si c'est pendant cette occupation que l'incendie a éclaté, il m'est difficile de comprendre sur quel fondement on pourrait soutenir que la « *guerre* » n'a pas été au moins « l'*occasion* » du sinistre.

La pensée des honorables magistrats du Tribunal de Besançon, en donnant aux experts la mission de « rechercher les causes de l'incendie », a été sans doute : que cet incendie pouvait avoir été allumé par d'autres que par les soldats étrangers. Je suppose cette preuve faite. Elle ne suffirait pas, à mes yeux, pour infirmer la portée de l'exception insérée dans la police. En effet, *imprudence*, *négligence* ou *malveillance*, quelle que soit la cause du sinistre, elle ne peut provenir que *d'un fait* dont la présence de l'ennemi, c'est-à-dire *la guerre*, aura été l'occasion.

La négligence, l'imprudence, la malveillance, ne peuvent être conjurées que par la surveillance de l'autorité locale, ou par la vigilance des habitants ; et c'est justement la facilité, la possibilité de se défendre et de se protéger soi-même, qui engendre la responsabilité du propriétaire, et, partant, la garantie due par l'assureur. Or, cette faculté n'existait plus, à l'époque indiquée, pour les habitants d'Ornans, notamment pour les sieurs Chaillet et Oudot. La *guerre* les avait dessaisis de leurs droits et avait rendu impossible l'accomplissement de leurs devoirs. C'est la guerre seule, c'est le fait et le droit de la guerre qui se substituait au droit, à l'action des habitants, et prenait à leur place la responsabilité des accidents qu'elle les rendait impuissants à empêcher.

Il faut remarquer que la police dont il s'agit ne dit pas : « Incendies occasionnés par des *faits* de guerre, » ce qui, *peut-être*, en restreindrait le sens. Elle parle « *d'incendies occasionnés par la guerre*; » et elle comprend ainsi, dans la généralité de ses termes, tous les sinistres dont la guerre, avec toutes les aventures qu'elle comporte, est au moins la *cause prochaine.*

Or, il n'y a pas de résultat plus prochain de la guerre que la présence de l'ennemi dans une ville, l'occupation militaire d'une maison, et la promiscuité forcée qui s'était établie, dans la maison de Chaillet, entre les habitants et les étrangers, comme, dans son écurie, entre ses bestiaux et les chevaux des prussiens. C'était la guerre elle-même, dans ses effets les plus immédiats, les plus prochains et les plus sensibles; c'était, par conséquent, la réalisation la plus claire de la précision écrite dans la police d'assurance.

Paris, 30 juillet 1871.

EDMOND ROUSSE,

Avocat à la Cour de Paris, bâtonnier de l'Ordre.

L'ancien avocat soussigné adhère à la consultation qui précède.

La clause des polices d'assurance qui exclut les incendies *occasionnés par la guerre....* n'a pas pour objet d'abriter seulement la responsabilité des Compagnies contre les risques résultant des *faits de guerre.*

La Cour de Besançon, à cet égard, s'est certainement méprise. Elle a pensé que, pendant la guerre, le contrat ne pouvait être suspendu entre les parties que par les faits résultant de la lutte elle-même, de la mêlée, du combat. Ce n'est pas là le sens de la clause. Les Compagnies écartent absolument *les incendies occasionnés par la guerre....*, et là où se rencontrent l'envahissement du domicile par l'ennemi, l'occupation étrangère au lieu même du sinistre, toutes les garanties habituelles sur lesquelles les Compagnies ont le droit de compter venant à disparaître, elles cessent d'être responsables.

Voilà ce qu'elles ont voulu dire et ce qu'elles disent, en écartant, dans les termes les plus généraux qu'il soit possible d'imaginer, les risques résultant de la guerre.

Paris, 1er août 1871.

E. ALLOU.

Docteur en droit, ancien bâtonnier.

3241 Paris.—Typographie et Lithographie RENOU ET MAULDE, rue de Rivoli, 144.

www.ingramcontent.com/pod-product-compliance
Ingram Content Group UK Ltd.
Pitfield, Milton Keynes, MK11 3LW, UK
UKHW022150260726
13993UKWH00005B/2286

9 782329 159997